CHOLLET

PREMIER SUJET DU THÉATRE DE L'OPÉRA-COMIQUE

PAR

Auguste LAGET

EX-ARTISTE DU THÉATRE DE L'OPÉRA-COMIQUE,
MEMBRE CORRESPONDANT DE LA SOCIÉTÉ LITTÉRAIRE ET ARTISTIQUE DE BÉZIERS,
PROFESSEUR DE SOLFÈGE AU CONSERVATOIRE DE MUSIQUE DE TOULOUSE,
MEMBRE DE LA SOCIÉTÉ DES CONCERTS (PARIS).

TOULOUSE
IMPRIMERIE A. CHAUVIN ET FILS
RUE DES SALENQUES, 28

1880

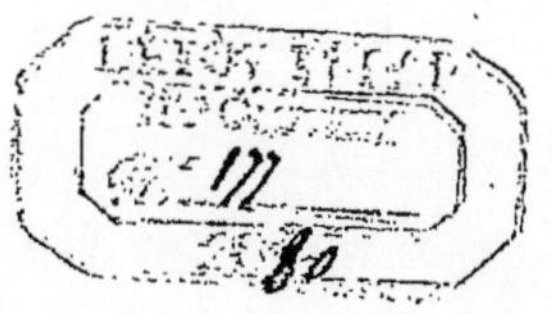

CHOLLET

PREMIER SUJET DU THÉATRE DE L'OPÉRA-COMIQUE

CHOLLET

PREMIER SUJET DU THÉATRE DE L'OPÉRA-COMIQUE

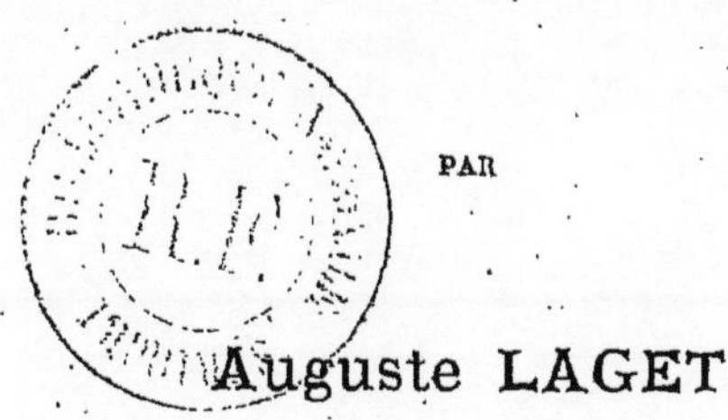

PAR

Auguste LAGET

EX-ARTISTE DU THÉATRE DE L'OPÉRA-COMIQUE,
MEMBRE CORRESPONDANT DE LA SOCIÉTÉ LITTÉRAIRE ET ARTISTIQUE DE BÉZIERS,
PROFESSEUR DE SOLFÈGE AU CONSERVATOIRE DE MUSIQUE DE TOULOUSE,
MEMBRE DE LA SOCIÉTÉ DES CONCERTS (PARIS).

TOULOUSE
IMPRIMERIE A. CHAUVIN ET FILS
RUE DES SALENQUES, 28

1880

Nous ne saurions passer sous silence les deux lettres qu'on va lire; elles ne sont pas étrangères à notre sujet, au contraire : c'est pourquoi nous les plaçons en tête de cette biographie.

A. L.

« Mon cher Laget,

» Je commence par vous remercier de l'envoi de votre
» ouvrage intitulé : *Le Chant et les Chanteurs*. Je l'ai lu
» avec le plus vif intérêt et je suis heureux de me trou-
» ver entièrement de votre avis : vos réflexions, vos
» observations, sont conformes avec celles que j'avais
» déjà faites au sujet de la durée des voix et des causes
» qui les ruinent en si peu de temps.

» Une lacune importante, selon moi, m'a frappé et
» m'a causé certains regrets : c'est l'absence du nom de
» Chollet dans les biographies des chanteurs célèbres
» que vous avez si judicieusement esquissées.

» Les artistes de l'orchestre de l'Opéra-Comique admi-
» raient le talent de Chollet, qui était un musicien très
» remarquable, un acteur très habile, et le créateur de
» tant de chefs-d'œuvre, tels que : *la Fiancée*, *Fra*
» *Diavolo*, *Zampa*, *Lestocq* (1), *les Etats de Blois*, *le*
» *Postillon*, *le Brasseur*, *l'Opéra à la Cour*, *le Roi d'Yvetot*,
» *Cagliostro*, *la Perruche*, etc., etc. Il était le continua-

(1) C'est à Thénard que revient l'honneur d'avoir créé le rôle de Lestocq. Chollet participa seulement à l'interprétation de cet ouvrage, lorsqu'on en fit la reprise en 1840, et nous nous rappelons que l'auteur de la musique, Auber, écrivit pour la circonstance deux couplets d'un grand effet, dont voici le refrain : *Je touche la couronne*, etc.

» teur de Martin, et sa réputation était universelle. Nul » doute que dans votre prochaine édition l'oubli invo- » lontaire du nom de ce grand artiste ne soit réparé.

» Vous excuserez, mon cher Laget, les réflexions » que je viens de me permettre; mais j'étais au nom- » bre de ceux qui avaient en grande estime le talent de » Chollet, si bon comédien, si bon musicien.

» Recevez, mon cher ami, etc.

» E. JANCOURT. »

« *A Monsieur* JANCOURT, *professeur au Conservatoire de musique, à Paris.*

» Mon cher ami,

» Si j'ai attendu jusqu'à présent pour publier la bio- » graphie de Chollet, c'est de parti pris et avec l'inten- » tion bien arrêtée de ne la faire paraître que dans le » *Monde artiste*, un volume in-8°, qui est sous presse.

» Les joueurs n'écartent pas, que je sache, les bon- » nes cartes, et c'est pourquoi, dans l'espoir d'aviver » l'intérêt de mon nouveau livre, j'ai gardé jusqu'à » présent quelques atouts en main.

» Recevez, mon cher ami, etc.

» A. LAGET. »

Toulouse, 1880.

CHOLLET

PREMIER SUJET DU THÉATRE DE L'OPÉRA-COMIQUE

I

Tarare, opéra en cinq actes de Beaumarchais pour les paroles, et de Salieri pour la musique, dont la première représentation eut lieu à Paris, le 8 juin 1787, marqua une époque dans l'histoire de l'art. L'auteur du poème avait tiré le sujet de son opéra d'un conte persan, traduit par Hamilton. Conçu dans des conditions jusqu'alors inconnues sur la scène de l'Académie royale de musique, cet ouvrage fut classé, dès son apparition, parmi les œuvres romantiques : la tragédie et la comédie y étaient confondues, et pendant cinq actes, des incidents, tantôt sérieux, tantôt bouffons, assombrissaient ou égayaient l'action. L'eunuque Calpigi, marié à la cantatrice Spinette, était chargé de débiter les lazzis musicaux dont l'opéra de Salieri était émaillé; mais ces lazzis étant notés un peu haut, aucun chanteur de l'Opéra ne se souciait de représenter ce personnage hétéroclite.

On raconte à ce propos qu'une lettre de cachet alla prendre l'abbé Chollet jusqu'au séminaire de Noyon, afin de tirer d'embarras les auteurs de *Tarare*, qui ne savaient à qui confier le rôle de l'eunuque en question, pour l'interprétation duquel il fallait une voix suraiguë et claire. L'abbé possédait un organe ravissant; mais aux dernières répétitions, lorsqu'il se trouva en présence des musiciens de l'orchestre et des choristes, il fut saisi d'une telle frayeur qu'il tomba en défaillance et qu'il fallut lui faire respirer des sels; le lendemain, on lui retira le rôle de Calpigi pour le confier au ténor Rousseau.

Le jeune abbé était instruit, intelligent, musicien, possédait des moyens vocaux exceptionnels. Que lui manquait-il donc pour réussir sur la scène de l'Opéra? Hé pardieu! il lui manquait tout, sauf la voix. Il n'était ni chanteur ni comédien, et nous ne comprenons pas que des gens sérieux, comme devaient l'être les auteurs de *Tarare*, aient songé un seul instant à confier un rôle tant soit peu important, à qui? à un jeune abbé arraché au séminaire et qui n'avait aucune notion des choses du théâtre. Comme si l'on improvisait un artiste en quelques jours, en quelques semaines, ni même en quelques mois.

L'administration théâtrale, comprenant enfin qu'elle faisait fausse route et qu'elle avait trop présumé du talent et des forces de son nouveau pensionnaire, assigna à celui-ci la seule place qui lui convînt, celle de coryphée de l'Opéra, où ses camarades s'empressèrent de lui octroyer le sobriquet de *l'abbé Calpigi*. Malgré cette appellation, qui lui resta au théâtre, l'abbé Chollet, n'étant pas engagé dans les ordres, ne tarda pas à se marier, et de cette union naquit Chollet, le comédien émérite, le chanteur populaire dont nous allons esquisser la biograpie.

II

Chollet (Jean-Baptiste-Marie) naquit à Paris, le 20 mai 1798. Admis au Conservatoire de musique dès l'âge de huit ans, il se livra à l'étude du violon et du solfège, et obtint un second prix, dans cette dernière spécialité, au concours de 1814. Les événements politiques survenus en 1815 ayant provoqué la fermeture du Conservatoire, Chollet s'engagea successivement, comme choriste, à l'Opéra, aux Italiens, puis enfin à l'Opéra-Comique, où il demeura jusqu'en 1818.

Tout en remplissant exactement ses devoirs au théâtre, Chollet cumulait les fonctions de chantre à l'église Saint-Germain-l'Auxerrois et de trombone dans la garde nationale. Mais, à l'âge de vingt ans, lorsqu'on est musicien et qu'on possède une jolie voix, est-ce qu'un jeune homme qui se sent quelque chose *là* peut se résigner toute sa vie à n'être qu'un simple choriste? Il veut, lui aussi, se faire un nom dans les arts, et à cet effet, il s'engage ordinairement en province, où, en pratiquant, il finit quelquefois par arriver. Ces projets d'avenir étaient précisément ceux que Chollet formait chaque jour; ces rêves d'ambition étaient aussi ceux qu'il faisait chaque nuit. Quel parti prendre? Le jeune choriste se lia par un traité avec le directeur d'une troupe chantante, suppléant aux connaissances qui lui manquaient par une grande habileté et beaucoup d'intelligence; puis, lorsqu'il eut plus d'acquis et qu'il se sentit assez fort pour figurer convenablement sur une scène de premier ordre, il contracta un engagement avec le directeur du théâtre du Havre, en qualité de baryton, chantant les rôles de Martin, de Laïs et de Solié.

Les succès que Chollet avait obtenus à La Haye d'abord, puis dans quelques villes de la Suisse, ne lui inspiraient qu'une confiance relative, maintenant qu'il allait paraître devant un public qui passait pour l'un des plus difficiles de la province; néanmoins, lorsque arriva l'heure de la première épreuve, laquelle eut lieu dans le rôle de Rodolphe du *Chaperon-Rouge*, le débutant, parfaitement disposé ce soir-là, fit entendre une voix franche et bien timbrée. « Son succès fut immense, on le » redemanda après la pièce aux cris de : Plus de débuts! plus » de débuts! Le directeur l'engagea sur-le-champ pour l'année » suivante avec le double d'appointements, et pendant deux » ans Le Havre posséda le meilleur ténor d'opéra comique qu'il » y eût en France (1). »

Sa jeune renommée ayant grandi avec son succès, Chollet n'hésita pas à quitter le théâtre du Havre pour passer, sans

(1) Adolphe Adam, *Souvenirs d'un musicien*, page 123.

transition, sur une scène infiniment plus importante, celle du théâtre royal de la Monnaie, à Bruxelles, où il débuta en 1825; mais avant de se rendre en Belgique, étant de passage à Paris, il se fit entendre à l'Opéra-Comique, le 23 avril 1825, dans le rôle de Rodolphe du *Chaperon-Rouge*. Trois jours après, le 26 avril, il chanta *la Fête du village voisin* et *Lulli et Quinault*. La suavité de son organe, sa bonne mine, sa désinvolture, ce je ne sais quoi enfin qui n'appartient qu'à la jeunesse, lui acquirent toutes les sympathies.

Chollet arrivait juste à point pour remplacer le célèbre baryton Martin, qui venait de prendre sa retraite, et fort à propos pour succéder à Ponchard, dont l'organe se trouvait momentanément altéré par l'interprétation fatigante du rôle de Masaniello qu'il venait de créer.

En quittant Paris pour se rendre à Bruxelles, Chollet emportait dans sa poche un engagement qui le liait au théâtre de l'Opéra-Comique, où il fit sa rentrée le 12 mai 1826, dans *la Fête du village* et *le Nouveau Seigneur*, et où, trois mois après, jour pour jour, il créait le rôle d'Henri dans *Marie*. Grâce à cette heureuse création, laquelle renfermait un air charmant : *Une robe légère, d'une entière blancheur*, le public, enthousiasmé, lui signa ses lettres de naturalisation, et lorsque arriva le renouvellement de son engagement, en 1827, il fut nommé sociétaire.

III

Quoi qu'en ait dit M. Fétis, dans sa *Biographie universelle des Musiciens*, l'organe de Chollet, à aucune époque de sa vie, n'eut le caractère de la voix de baryton, et si dans le principe le virtuose chante quelques rôles en clé de *fa*, il ne s'en tire qu'à l'aide de certains artifices, c'est-à-dire en *pointant* ses rôles et en les modifiant dans leur partie inférieure seulement : c'est ainsi qu'il procède dans *le Nouveau Seigneur*, dans *le Maître de chapelle*, voire même dans *Zampa*, dont il transpose toutes les notes écrites trop bas.

Ce qui constitue le caractère d'une voix, ce n'est point l'étendue, c'est son ampleur, témoin le foudroyant organe de Lablache, qui était classé parmi les basses, bien qu'il ne donnât que le *la* bémol grave, tandis que celui de Tamburini, qui descendait une tierce plus bas, figurait dans la nomenclature des barytons. Est-ce clair ?

Encore un coup, la voix de Chollet ne fût jamais celle d'un véritable baryton-Martin ; aussi, dès qu'on écrivit des rôles pour lui, dès qu'on lui fit des habits à sa taille, s'empressa-t-il de quitter la livrée des valets pour endosser le costume plus élégant des ténors d'opéra-comique, et séduire en roucoulant des cantilènes sur la clé de *sol* ou la clé d'*ut*.

La voix de Chollet était audacieusement blanche, toute en dehors et en timbre clair, mais puissante. Grêles, les voix blanches sont vulgaires ; étoffées, leur émission s'accepte, la vulgarité fait place à une sonorité éclatante, l'oreille s'accommode de cette mise de voix.

Ce que nous venons de dire s'applique également à un organe guttural. Une voix flûtée, entachée de sons de gorge, est intolérable. Au contraire, si la voix est puissante, quoique gutturale, on la subit, elle s'impose à la foule, sa cause est gagnée, elle ne blesse que peu ou point l'organe auditif.

Or, la voix de Chollet était large, quoique d'une ampleur relative, mais d'un timbre frais et pur, sonnant comme une cloche, et que nul orchestre n'était capable de couvrir, si fort qu'il jouât. Sa voix de tête, dont il usait et abusait dans les points d'orgue, était à l'avenant : le timbre et la limpidité en étaient admirables. Seulement, entre la voix de poitrine et la voix de tête, il existait une espèce d'hiatus plus ou moins sensible, défectuosité que l'artiste ne prenait même pas la peine de dissimuler, mais dont les compositeurs tenaient compte en écrivant pour ce chanteur des rôles en quelque sorte *arpégés*, si nous osons nous exprimer ainsi.

Chollet avait une *manière* de chanter à lui qui ne procédait d'aucune méthode, car il n'avait jamais étudié sous la direction d'aucun maître. En général, un chant *spianato* convenait peu à son genre de talent, lequel était réfractaire à la musique où dominait l'expression des sentiments tendres.

IV

Après avoir été acclamé dans *Marie*, Chollet eut la bonne fortune d'attacher encore son nom à plusieurs œuvres non moins importantes, telles que *la Violette*, *Jenny*, *la Fiancée*, *les Deux Nuits*, *Fra Diavolo*, *Zampa*, etc., et dans ces divers opéras, d'un style si différent, il obtint un succès éclatant : il réussit par-dessus les nues !

A partir de 1830 jusqu'en 1832, les affaires de l'Opéra-Comique allant sans cesse en déclinant, et la Société d'acteurs qui présidait à ses destinées ayant été dissoute, Chollet, libre de tout engagement, donna d'abord quelques représentations en province, puis retourna à Bruxelles pour y créer le personnage de Mergy dans *le Pré aux Clercs*. Ce rôle, écrit pour la voix problématique mais facile de Thénard, n'était pas fait pour mettre en relief les qualités de Chollet; mais celui-ci, grand musicien, maître ès science en l'art de rhabiller un morceau quelconque, se tailla un succès dans l'air du premier acte : *Ce soir j'arrive donc dans cette ville immense !...* Cette nouvelle version de l'œuvre d'Hérold, — l'air seulement, — fut favorablement accueillie par le public bruxellois, et pendant de longues années, même après le départ de Chollet, le parterre se refusa à en adopter une autre. Est-il besoin de dire que les habitués du théâtre de la Monnaie ne voyaient que par les yeux de leur artiste de prédilection et qu'ils ne juraient que par lui ?

Pendant deux années consécutives, du mois d'avril 1832 au mois d'avril 1834, Chollet chanta les premiers ténors d'opéra-comique sur la scène du grand théâtre de Bruxelles, après quoi il se rendit à La Haye pour y tenir le même emploi.

Le 16 juin 1835, Chollet reparut sur la scène de Feydeau dans *le Portefaix*, de Gomis. Les Parisiens lui firent un excellent accueil, et prouvèrent, en l'acclamant, qu'il était toujours dans leurs bonnes grâces. Les compositeurs le plus en renom, de leur côté, n'hésitèrent pas à lui confier de nouveau la fortune de leurs meilleures partitions.

« Le 16 décembre de la même année, il créait un de ses rôles » populaires, Lionel de *l'Eclair*. L'artiste avait trente-sept ans; » il était dans la forte maturité de ses facultés de chanteur et de » comédien. L'émail de la voix avait peut-être, à cette date, » subi quelque altération; mais la sonorité et l'ampleur de l'or- » gane étaient intactes; l'artiste, d'ailleurs, savait glisser sur » une note paresseuse ou rebelle avec sa rare adresse, sa mer- » veilleuse facilité, et cette verve franche et communicative » qui bravait, en ses dépenses folles, les fatigues de trois actes » de poème et de musique. La verve devint même le trait sail- » lant et caractéristique de la double originalité de l'acteur et » du chanteur. Ne les séparons plus à partir de ce jour : ils sont » unis, liés, confondus, et, vienne un *lapsus* du geste ou de la » voix, ils se réfugient, en quelque sorte, l'un dans l'autre, et » emportent à deux l'applaudissement de la foule. Cette trans- » formation du talent de Chollet devait atteindre son *maximum* » d'effet dans *le Postillon de Lonjumeau*, joué le 13 octobre » 1836 (1). »

Il s'était incarné dans le personnage principal de l'œuvre d'Adam, et son succès, dans le rôle de Chapelou, prit de telles proportions qu'il balança celui que Mme Damoreau obtenait dans le rôle d'Angèle du *Domino*. *Le Postillon de Lonjumeau* et *le Domino noir*, joués alternativement, faisaient salle comble tous les soirs.

Dans une période de dix années (1835-1845), non seulement Chollet interpréta plusieurs ouvrages de l'ancien répertoire, tels que *le Nouveau Seigneur*, *le Maître de chapelle*, *Joconde*, *Jeannot et Colin*, etc., mais il joua Lestocq et créa encore plusieurs rôles importants, savoir : *le Portefaix*, *l'Eclair*, *Piquillo*, *le*

(1) B. Jouvin.

Perruquier de la Régence, *le Brasseur de Preston*, *le Panier fleuri*, *les Travestissements*, *la Perruche*, *l'Opéra à la Cour*, *le Roi d'Ivetot*, *le Puits d'amour*, *Cagliostro*, etc.

« On l'a dit souvent : le comédien meurt plus complètement » que tout autre. Rien de lui ne reste après lui, sinon la tradi- » tion, qui s'altère en vieillissant, et que chacun a toujours le » droit de contester.

» Il nous semble cependant qu'il y a un moyen tout simple de » mesurer la place occupée par tel ou tel pendant sa vie. La » confiance des directeurs et des auteurs peut s'égarer une fois » ou deux; mais lorsque pendant de longues années, en tête des » partitions et des brochures, le même nom se lit accolé aux » rôles principaux des pièces, on peut de confiance admettre la » valeur de ce nom (1). »

Or, pendant le cours de sa brillante carrière, qui compte près de trente-trois années d'activité, Chollet n'a pas créé moins de quarante-trois rôles. Honneur à lui ! Honneur à ce vaillant interprète de l'art dramatique !

Toutes les fois que Chollet avait une difficulté avec l'administration de l'Opéra-Comique, — fouette, cocher ! — il retournait en Belgique, où il était toujours reçu à bras ouverts. Au retour d'une excursion de ce genre, vers 1843, il reprit, après Masset, le rôle de Zampa, et nous n'avons pas oublié l'effet qu'il produisit sur le public et sur nous-même (nous lui donnions la réplique dans le rôle d'Alphonse), effaçant d'un seul coup le souvenir de tous les artistes qui, pendant son absence, avaient endossé le pourpoint du corsaire sicilien. Dès que le vieux loup de mer apparut sur la scène, chacun reconnut en lui l'ancien Zampa, le *vrai* Zampa, celui que vous, moi, nous avions rêvé, et dont le type est à jamais perdu.

Ce qui nous a toujours surpris, sinon à Paris, du moins en province, c'est que certains artistes qui, après Chollet, ont abordé *Fra Diavolo*, *Zampa* et *le Postillon*, n'aient pas con-

(1) Eugène Moreau.

servé à ces trois rôles leur physionomie primitive, le cachet qui leur avait été imprimé d'abord. Pourquoi changer ? N'en déplaise aux interprètes novateurs, ils comprenaient l'ensemble de leur rôle, mais bien des détails leur échappaient ; la plupart des nuances délicates étaient pour eux lettre close et fermée à sept sceaux. Qu'ils chantassent *Fra Diavolo* ou *Zampa*, ils n'avaient qu'une note dans leur gamme, une couleur sur leur palette, pour exprimer des sentiments diamétralement opposés. Et pourtant le brigand calabrais et le bandit sicilien sont-ils gens de même acabit ? Le premier, sacripant de la pire espèce, brutal et cruel, *flirte* et chante des barcarolles avec Milady, et se donne tous les airs d'un gentleman accompli, aimable et galant ; l'autre, au contraire, d'origine aristocratique, homme du monde, bien élevé, affecte les manières d'un matamore, se fait corsaire, séduit les filles, enlève les femmes et les épouse pour vingt-quatre heures quand elles sont riches, jeunes et jolies.

« Une, c'est trop; toutes, à la bonne heure ! »

Eh bien ! l'opposition de ces deux caractères était rendue par Chollet d'une manière saisissante ; or, sous ce rapport, ses émules ne l'ont pas égalé. Quant au *Postillon de Lonjumeau*, Montaubry chantait d'une manière remarquable les couplets du second acte : *Assis au pied d'un hêtre* ; mais dans tout le reste de l'ouvrage, son devancier lui était supérieur.

A vrai dire, dans *le Postillon*, Chollet lui-même ne nous a jamais entièrement satisfait, non point sous le rapport du chant, mais pour la manière dont il interprétait l'ensemble de ce personnage à double face.

Dans le premier acte, Chapelou était parfait ; dans le second acte, Saint-Phar manquait de tenue et de convenance, et ses lazzis, qui auraient été bien placés dans la bouche de l'un de ses partenaires, juraient dans la sienne.

— Quelle est cette note ?

— C'est mon *ut*, à moi, répondait Alcindor.

— Quel sale *ut* (salut) ! ripostait Saint-Phar.

Le rôle de Saint-Phar, joué très sérieusement, chanté avec beaucoup de sentiment, et opposé, comme caractère, au marquis de Corcy, si comique, et au coryphée Alcindor, si grotesque, le rôle de Saint-Phar, disons-nous, aurait acquis plus de relief par l'effet des contrastes.

Cette manière de voir et de sentir était aussi celle de M. Perrin, lorsqu'il était directeur de l'Opéra-Comique, et un soir, tandis que Montaubry était en scène, renchérissant sur les soi-disant traditions de Chollet, il nous dit :

— Si j'avais été directeur à l'époque où *le Postillon de Lonjumeau* fut joué pour la première fois, je n'aurais jamais permis ni ces nombreux jeux de mots, ni tous ces lazzis, qui déparent, selon moi, l'œuvre d'Adam, sans rien ajouter à son succès, au contraire.

Mais Chollet, ainsi que Montaubry, son gendre adoptif et son continuateur, avaient une propension marquée pour les effets comiques, et l'on peut dire qu'il transpirait en eux, lorsqu'ils étaient en scène, quelque chose de leur individualité et de leurs goûts hors du théâtre. Du reste, il y avait entre ces deux virtuoses bien des points de ressemblance. L'un et l'autre étaient excellents musiciens, et tous deux, avant d'être au théâtre, avaient joué d'un instrument, celui-ci du violoncelle au théâtre du Vaudeville, celui-là du trombone dans la garde nationale; l'un et l'autre, avant de devenir premier sujet du théâtre de l'Opéra-Comique, avaient débuté et chanté en province; l'un et l'autre possédaient une voix blanche et émettaient le son en timbre clair, et il existait une solution de continuité entre leur voix de poitrine et leur voix de fausset; l'un et l'autre usaient et abusaient de la voix de tête, laquelle, chez tous les deux, était d'une limpidité, d'une fluidité admirables; l'un et l'autre étaient réfractaires à l'interprétation de la musique particulièrement sentimentale, et il y avait une grande analogie dans leur manière de jouer et de chanter; l'un et l'autre, enfin, procédaient du gamin de Paris, dans ce que celui-ci, toutefois, avait d'aimable et de spirituel, ce qui faisait dire à Montaubry, en parlant de son émule Achard, le lendemain du premier début de ce dernier sur la scène de l'Opéra-Comique :

— Décidément, ce n'est pas lui qui *cassera la patte à Coco !...*

V

Au commencement de l'année 1844, Chollet éprouva une indisposition assez sérieuse, un mouvement de bile qui, coïncidant avec une irritation des fosses nasales, altéra le timbre de sa voix ; en parlant comme en chantant, il nasillait considérablement. L'on put croire alors (1844) que l'heure de la retraite avait sonné pour Chollet ; mais il se rétablit et signa même un nouveau traité de trois ans avec le directeur de l'Opéra-Comique, qui lui imposa, par parenthèse, de dures conditions.

A l'expiration de son engagement, Chollet sollicitait et obtenait la direction des théâtres subventionnés de la ville de Bordeaux. Les débuts de la troupe qu'il avait formée furent très remarqués ; mais cette troupe étant surchargée de sujets, l'administration théâtrale fut entraînée à des dépenses auxquelles elle ne put faire face. Le découragement s'empara bientôt de tous les artistes, et Dieu sait ce qui allait arriver, lorsqu'un événement imprévu remit la barque directoriale à flot et retarda l'époque de la déconfiture.

Dans le courant du mois de novembre 1847, Mlle Caroline Prévost, fille adoptive de Chollet, se produisit sur le Grand-Théâtre de Bordeaux, dans le rôle de Catarina des *Diamants de la Couronne*. Les débuts de cette jeune fille n'ayant pas été tambourinés longtemps à l'avance, et personne, pas même ses parents, ne soupçonnant qu'il y eût chez elle l'étoffe d'une artiste remarquable, son apparition sur la scène fit sensation. La débutante comptait à peine seize printemps, et l'on ne savait vraiment pas ce qu'on devait le plus admirer en elle, ou du talent de la comédienne ou de la brillante exécution de la cantatrice, ou de la pureté de son organe ou du charme répandu sur toute sa personne, qualités rares que faisait encore valoir l'éclat de sa beauté, alors dans tout son épanouissement.

La *diva* parlait avec une rare intelligence la langue des sons, cette langue magique par laquelle le charme opère, et il était facile de voir qu'elle avait bu l'eau à la même source que sa mère, mais qu'elle l'avait prise plus haut.

Grâce aux heureux débuts de sa pupille, Chollet se flatta un instant qu'il mènerait sa barque à bon port; mais, le croirait-on? les triomphes mêmes de son élève précipitèrent la crise théâtrale. Expliquons-nous. Les jours où Mlle C. Prévost jouait, on faisait salle comble, le lendemain, il fallait ajouter aux frais. Par ce dernier motif, la fermeture des théâtres de Bordeaux était imminente, lorsque les événements politiques de 1848 achevèrent leur ruine. La compagnie dramatique se débanda presque aussitôt, et son chef, excipant le cas de force majeure, donna sa démission de directeur des théâtres subventionnés de la ville de Bordeaux.

Mais aussi, que diable Chollet allait-il faire dans cette galère? Hé! mon Dieu! tout directeur qui succède à un autre directeur se dit: Je serai sinon plus *intelligent*, du moins plus *actif* ou plus *heureux* que mon prédécesseur. Et voilà pourquoi tant de gens prétendent à l'honneur de monter sur le pavois directorial, pour se lancer ensuite à toutes voiles, la plupart du temps sans boussole, sur le vaste océan de la spéculation.

Au mois de juillet 1848, nous assistons aux débuts de Chollet et de sa famille sur la scène du Capitole, à Toulouse, sous la direction de M. Lafeuillade. Là, chantant les barytons-Martin, comme l'année précédente à Bordeaux, où il interprétait le même emploi, Chollet et les siens sont choyés, fêtés, rappelés presque tous les soirs. Quelles belles représentations!

En 1851, Chollet est nommé directeur du théâtre royal de La Haye, où le roi de Hollande l'accueille d'abord avec une faveur marquée; mais bientôt le monarque lui retire sa haute protection d'une manière si cavalière et dans des conditions tellement exceptionnelles, que le fait mérite d'être rapporté.

Le mariage de Montaubry avec Mlle C. Prévost et celui de Colson avec Mlle Marchand (1) furent célébrés le même jour, à La Haye, et le repas de noces eut également lieu en commun. Or, les convives étaient à table et se livraient à une gaieté bien naturelle en pareille circonstance, lorsque Chollet, qui présidait cette fête de famille, reçut un pli cacheté des mains d'un envoyé de la Cour, tandis que celui-ci remettait aux époux Colson, de la part du roi, un service de table en argenterie. Chollet s'empressa de décacheter la missive : elle contenait sa révocation de directeur du théâtre royal de La Haye. L'artiste-directeur ne laissa rien transpirer sur sa figure du contenu du royal message ; il donna, au contraire, l'exemple de la plus franche gaieté, et la fête nuptiale se termina à la satisfaction des jeunes époux et de leurs invités.

Il faut bien le dire, Guillaume III, en cette circonstance, se conduisit comme un...

Quelle belle occasion de vitupérer une tête couronnée ! mais que le lecteur se rassure : la politique n'a que faire ici, et c'est pourquoi nous nous abstiendrons de tout commentaire.

De retour en France, Chollet chanta encore un rôle sur la scène du Théâtre-Lyrique, celui du duc de Beaufort, dans *le Roi des Halles* : ce fut sa dernière création (11 avril 1853). Quelque temps après, il prit sa retraite et se retira définitivement du théâtre, après une carrière glorieusement parcourue, et qui n'avait pas duré moins de trente-trois ans.

« Ce chanteur, » dit M. Fétis, dans sa *Biographie universelle des Musiciens*, en parlant de Chollet, — « Ce chanteur, doué » de qualités qui auraient pu le conduire à un beau talent si » son éducation vocale eût été mieux faite, avait plus d'adresse

(1) En 1852, la belle Mlle Marchand, devenue Mme Colson, créa, avec beaucoup de succès, le rôle de Néméa de *Si j'étais roi !* sur la scène du Théâtre-Lyrique.

» que d'habileté réelle, plus de manière que de style. Quelque-» fois il saccadait son chant avec affectation; souvent il altérait » le caractère de la musique par les variations de mouvement » et la multitude de points d'orgue qu'il y introduisait; car c'est » surtout dans le point d'orgue qu'il tirait avantage de sa voix » de tête. Les études de vocalisation lui ont manqué, en sorte » que sa mise de voix était défectueuse, et qu'il n'exécutait les » gammes ascendantes que d'une manière imparfaite. Malgré » ces défauts, le charme de sa voix, la connaissance qu'il avait » des choses qui plaisent au public devant lequel il chantait, et » son aplomb comme musicien lui ont fait souvent produire » plus d'effet que des chanteurs habiles privés de ces avan-» tages. »

VI

Il ne nous reste que peu de chose à dire; mais ce peu de chose, lorsqu'il s'agit d'un artiste de la valeur de Chollet, est encore beaucoup, et le lecteur nous saura gré, croyons-nous, de lui faire connaître certaines particularités de l'existence de l'habile chanteur.

Si nous considérons Chollet comme artiste dramatique, nous dirons qu'il avait les défauts qui sont en quelque sorte inhérents à la profession qu'il exerçait : il aimait le succès, et conséquemment il tirait, comme on dit, la couverture vers lui; mais, à tout prendre, Chollet n'était pas un mauvais camarade, au contraire, et si, dans les coulisses, on raconte qu'il faillit un jour en venir aux mains avec Couderc, c'est parce que, dans le commerce de la vie, et selon l'humeur du moment, on n'est pas toujours maître de soi. La scène à laquelle nous faisons allusion eut lieu en plein foyer.

Couderc venait de prier Chollet de vouloir bien ménager son abdomen, dans le premier acte de *l'Eclair*, lorsque Lionel, prenant congé de Georges, dit à ce dernier :

— « Mille cargaisons! si votre femme est jolie, ne vous inquiétez pas… (Lui frappant familièrement sur le ventre). A boire là-dessus ! »

L'observation en question fut mal accueillie par Chollet qui, tout en causant, roulait une boule de papier, qu'il lança sur Couderc; celui-ci riposta. Le premier récidive; son camarade en fait autant. Finalement, Chollet saisissant une écritoire en répand le contenu sur Couderc, dont les habits furent littéralement couverts d'encre. Ce dernier bondit sur son agresseur, Mlle Prévost se trouve mal, etc., etc. Le lendemain, Couderc rendit visite aux dames-artistes qui avaient assisté à la scène que nous venons de raconter, et se confondit en excuses d'avoir été pour elles un sujet de scandale.

Chollet était casanier : il n'aimait ni le jeu, ni la pêche, ni la chasse, etc.; en revanche, lorsqu'il ne devait point chanter le soir, il clouait, alignait, collait, cartonnait, copiait et *musiquait* une partie de la journée. C'était, en outre, un aimable conteur ; il cultivait aussi le calembour et les jeux de mots, mais modérément et sans en assommer les gens ; seulement, le genre de son esprit et la pente naturelle de son caractère le poussaient à faire des lazzi en scène.

Un soir, dans le troisième acte de *Zampa*, il glisse un joujou sous son pourpoint, et s'approchant de Camille, qui, désespérée, vient de se laisser choir dans un fauteuil, il soupire tendrement à son oreille :

— « Pourquoi trembler… »

— (Pressant le joujou sur son cœur) Cuiq !

— « C'est moi qui vous implore ! »

— Cuiq ! cuiq !

— « Qu'un seul regard… »

— Cuiq ! cuiq ! cuiq !

Mme Casimir-*Camille* riait à se tordre ; Chollet était impassible.

Une autre fois, dans *Jeannot et Colin*, Girard, premier chef d'orchestre, ayant attaqué un morceau avant le moment indiqué dans la brochure, ce qui obligea les chanteurs à courir après les musiciens, Chollet résolut de rendre la monnaie de sa pièce au facétieux maëstro (1). En conséquence, un soir, pendant que le *Capel-meister* est bien tranquille à son pupitre et regarde ce qui se passe dans la salle, Chollet donne le ton à ses camarades, et, supprimant vingt lignes de poème, les acteurs attaquent tout à coup :

> « Plaisirs de notre enfance,
> Nous voilà réunis ! »

Girard saute sur son bâton de mesure, les symphonistes sur leurs instruments, les contrebassistes sur leurs *colosses* ; bref, ce fut un brouhaha indescriptible !

Mais ce n'est pas tout. Faut-il continuer ? Ma foi,

> « . . . . La langue me démange,
> Et comme c'est un membre impossible à gratter,
> Je préfère, monsieur, la laisser s'agiter (2). »

— Chollet, lui disait Mme Prévost, l'heure de la répétition approche, et si tu muses comme tu le fais, tout Chollet que tu es, on te mettra à l'amende.

Celui-ci, en train de se raser, courait se placer dans un coin de l'appartement, et là, feignant de verser des larmes, il geignait :

(1) Girard, sa canne sous le bras, flânait un jour devant la devanture d'un marchand de gravures. Un ouvrier passe sur le trottoir, pousse la canne du musicien, et voilà un carreau cassé. Le marchand veut être indemnisé ; Girard refuse de payer : une altercation assez vive s'engage. Ce dernier, impatienté, entre dans le magasin, et demande :

— Combien le carreau cassé ?

— Deux francs cinquante centimes.

— Voilà cinq francs ! payez-vous.

— Je n'ai point de monnaie ; mais je vais.....

— V'lan !

D'un coup de canne, Girard casse un autre carreau, et sort en jetant cette réponse au marchand ébaubi :

— Nous sommes quittes.

(2) A. Touroude.

— Hi! hi, hi!

— Voyons, Chollet, sois sérieux.

— Ah! ah! ah!

— Tu m'obsèdes.

— Oh! oh! oh!

Et Chollet ne bougeait pas! et il arrivait en retard! et on le mettait à l'amende!

Au moment où nous écrivons ces lignes (1er juin 1880), Chollet vit encore; il est dans sa quatre-vingt-troisième année depuis le 20 mai dernier. Puisse Dieu prolonger longtemps son existence et lui accorder d'heureux jours!

FIN.

PAR LE MÊME :

Étude artistique sur le Diapason normal.

Les trois pêcheurs.

Le Chant et les Chanteurs. Un volume in-8°. Se vend à Paris, chez HEUGEL et Cie, 2 *bis*, rue Vivienne.

POUR PARAITRE INCESSAMMENT

LE MONDE ARTISTE

Un volume in-8° de 365 pages. — Édition de luxe.

TABLE DES MATIÈRES

Prix du volume : 4 fr.

BIBLIOTHEQUE NATIONALE DE FRANCE
3 7502 01005074 0

www.ingramcontent.com/pod-product-compliance
Ingram Content Group UK Ltd.
Pitfield, Milton Keynes, MK11 3LW, UK
UKHW021038220726
13924UKWH00001B/405